La première livraison est composée de 14 tableaux, la seconde de 22. Ces 36 tableaux forment l'ouvrage complet

x 968

ALPHABET GREC.

La langue grecque a 24 lettres, dont voici

	La Figure		Le Nom		La Valeur	
1	A α		Ἄλφα	Alpha	a	1
2	B β ϐ		βῆτα	bêta	b	2
3	Γ γ Γ		γάμμα	gamma	g	3
4	Δ δ ∂		δέλτα	delta	d	4
5	E ε		ἐψιλον	epsilon	e bref	5 ϛ 6
6	Z ζ ϛ		ζῆτα	zêta	z	7
7	H η		ῆτα	êta	e long	8
8	Θ θ ϑ		θῆτα	thêta	th	9
9	I ι		ἰῶτα	iôta	i voyelle	10
10	K κ		κάππα	cappa	k, c	20
11	Λ λ		λάμβδα	lambda	l	30
12	M μ		μῦ	mu	m	40
13	N ν		νῦ	nu	n	50
14	Ξ ξ		ξῖ	xi	cs, gs, x	60
15	O ο		ὀμικρὸν	omicron	o bref	70
16	Π π ϖ		πῖ	pi	p	80 ϟ 90
17	P ρ ϱ		ῥῶ	rho	r	100
18	Σ σ ς		σίγμα	sigma	s	200
19	T τ ፓ		ταῦ	tau	t	300
20	Υ υ		ὓψιλὸν	upsilon	y u bref	400
21	Φ φ ϕ		φῖ	phi	ph	500
22	X χ		χῖ	chi	ch	600
23	Ψ ψ		ψῖ	psi	ps	700
24	Ω ω		ὠμέγα	ômega	ô long	800 ϡ 900 / ϡ 1000

Imp^{ie} lithog^{ie} de Selves fils, à Paris, rue des Juifs n° 22.

PRINCIPES DE LECTURE GRECQUE. N.º 2

Βα	βε	βη	βι	βο	βω	βυ
Γα	γε	γη	γι	γο	γω	γυ
Δα	δε	δη	δι	δο	δω	δυ
Ζα	ζε	ζη	ζι	ζο	ζω	ζυ
Θα	θε	θη	θι	θο	θω	θυ
Κα	κε	κη	κι	κο	κω	κυ
Λα	λε	λη	λι	λο	λω	λυ
Μα	με	μη	μι	μο	μω	μυ
Να	νε	νη	νι	νο	νω	νυ
Ξα	ξε	ξη	ξι	ξο	ξω	ξυ
Πα	πε	πη	πι	πο	πω	πυ
Ρα	ρε	ρη	ρι	ρο	ρω	ρυ
Σα	σε	ση	σι	σο	σω	συ
Τα	τε	τη	τι	το	τω	τυ
Φα	φε	φη	φι	φο	φω	φυ
Χα	χε	χη	χι	χο	χω	χυ
Ψα	ψε	ψη	ψι	ψο	ψω	ψυ

C. J. Dupras.

PRINCIPES DE LECTURE GRECQUE. N.º 3.

Αβ	εβ	ηβ	ιβ	οβ	ωβ	υβ
Αγ	εγ	ηγ	ιγ	ογ	ωγ	υγ
Αδ	εδ	ηδ	ιδ	οδ	ωδ	υδ
Αζ	εζ	ηζ	ιζ	οζ	ωζ	υζ
Αϑ	εϑ	ηϑ	ιϑ	οϑ	ωϑ	υϑ
Ακ	εκ	ηκ	ικ	οκ	ωκ	υκ
Αλ	ελ	ηλ	ιλ	ολ	ωλ	υλ
Αμ	εμ	ημ	ιμ	ομ	ωμ	υμ
Αν	εν	ην	ιν	ον	ων	υν
Αξ	εξ	ηξ	ιξ	οξ	ωξ	υξ
Απ	επ	ηπ	ιπ	οπ	ωπ	υπ
Αρ	ερ	ηρ	ιρ	ορ	ωρ	υρ
Ας	ες	ης	ις	ος	ως	υς
Ατ	ετ	ητ	ιτ	οτ	ωτ	υτ
Αφ	εφ	ηφ	ιφ	οφ	ωφ	υφ
Αχ	εχ	ηχ	ιχ	οχ	ωχ	υχ
Αψ	εψ	ηψ	ιψ	οψ	ωψ	υψ

C. J. Dupras.

PRINCIPES DE LECTURE GRECQUE. N.º 4.

Βαβ	βεβ	βηβ	βιβ	βοβ	βωβ	βυβ
Γαγ	γεγ	γηγ	γιγ	γογ	γωγ	γυγ
Δαδ	δεδ	δηδ	διδ	δοδ	δωδ	δυδ
Ζαζ	ζεζ	ζηζ	ζιζ	ζοζ	ζωζ	ζυζ
Θατ	θετ	θητ	θιτ	θοτ	θωτ	θυτ
Κακ	κεκ	κηκ	κικ	κοκ	κωκ	κυκ
Λαλ	λελ	ληλ	λιλ	λολ	λωλ	λυλ
Μαμ	μεμ	μημ	μιμ	μομ	μωμ	μυμ
Ναν	νεν	νην	νιν	νον	νων	νυν
Ξαν	ξεν	ξην	ξιν	ξον	ξων	ξυν
Παπ	πεπ	πηπ	πιπ	ποπ	πωπ	πυπ
Ραρ	ρερ	ρηρ	ριρ	ρορ	ρωρ	ρυρ
Σας	σες	σης	σις	σος	σως	συς
Τατ	τετ	τητ	τιτ	τοτ	τωτ	τυτ
Φαπ	φεπ	φηπ	φιπ	φοπ	φωπ	φυπ
Χακ	χεκ	χηκ	χικ	χοκ	χωκ	χυκ
Ψαφ	ψεφ	ψηφ	ψιφ	ψοφ	ψωφ	ψυφ

C. J. Dupras.

PRINCIPES DE LECTURE GRECQUE   N.º 5.

Βαψ	βεψ	βηψ	βιψ	βοψ	βωψ	βυψ
Γαψ	γεψ	γηψ	γιψ	γοψ	γωψ	γυψ
Δαψ	δεψ	δηψ	διψ	δοψ	δωψ	δυψ
Ζαψ	ζεψ	ζηψ	ζιψ	ζοψ	ζωψ	ζυψ
Θαψ	θεψ	θηψ	θιψ	θοψ	θωψ	θυψ
Καψ	κεψ	κηψ	κιψ	κοψ	κωψ	κυψ
Λαψ	λεψ	λημ	λιψ	λοψ	λωψ	λυψ
Μαψ	μεψ	μηψ	μιψ	μοψ	μωψ	μυψ
Ναψ	νεψ	νηψ	νιψ	νοψ	νωψ	νυψ
Ξαψ	ξεψ	ξηψ	ξιψ	ξοψ	ξωψ	ξυψ
Παψ	πεψ	πηψ	πιψ	ποψ	πωψ	πυψ
Ραψ	ρεψ	ρηψ	ριψ	ροψ	ρωψ	ρυψ
Σαψ	σεψ	σηψ	σιψ	σοψ	σωψ	συψ
Ταψ	τεψ	τηψ	τιψ	τοψ	τωψ	τυψ
Φαψ	φεψ	φηψ	φιψ	φοψ	φωψ	φυψ
Χαψ	χεψ	χηψ	χιψ	χοψ	χωψ	χυψ
Αι	αυ	ει	ευ	ηυ	οι	ου

C. J. Duprat.

PRINCIPES DE LECTURE GRECQUE N.º 6.

Βλα	βλε	βλη	βλι	βλο	βλω	βλυ
Γλα	γλε	γλη	γλι	γλο	γλω	γλυ
Θλα	θλε	θλη	θλι	θλο	θλω	θλυ
Κλα	κλε	κλη	κλι	κλο	κλω	κλυ
Πλα	πλε	πλη	πλι	πλο	πλω	πλυ
Φλα	φλε	φλη	φλι	φλο	φλω	φλυ
Χλα	χλε	χλη	χλι	χλο	χλω	χλυ
Βδα	βδε	βδη	βδι	βδο	βδω	βδυ
Σβα	σβε	σβη	σβι	σβο	σβω	σβυ
Σθα	σθε	σθη	σθι	σθο	σθω	σθυ
Σπα	σπε	σπη	σπι	σπο	σπω	σπυ
Φθα	φθε	φθη	φθι	φθο	φθω	φθυ
Χθα	χθε	χθη	χθι	χθο	χθω	χθυ
Σκλα	σκλε	σκλη	σκλι	σκλο	σκλω	σκλυ
Σπλα	σπλε	σπλη	σπλι	σπλο	σπλω	σπλυ

C. J. Dupras.

PRINCIPES DE LECTURE GRECQUE N.º 7.

Δμα	δμε	δμη	δμι	δμο	δμω	δμυ
σμα	σμε	σμη	σμι	σμο	σμω	σμυ
Τμα	τμε	τμη	τμι	τμο	τμω	τμυ

Γνα	γνε	γνη	γνι	γνο	γνω	γνυ
Δνα	δνε	δνη	δνι	δνο	δνω	δνυ
Θνα	θνε	θνη	θνι	θνο	θνω	θνυ
Κνα	κνε	κνη	κνι	κνο	κνω	κνυ
Μνα	μνε	μνη	μνι	μνο	μνω	μνυ
Πνα	πνε	πνη	πνι	πνο	πνω	πνυ
Χνα	χνε	χνη	χνι	χνο	χνω	χνυ

Βραν	βρεν	βρην	βριν	βρον	βρων	βρυν
Γραν	γρεν	γρην	γριν	γρον	γρων	γρυν
Δραν	δρεν	δρην	δριν	δρον	δρων	δρυν
Θραν	θρεν	θρην	θριν	θρον	θρων	θρυν
Πραν	πρεν	πρην	πριν	προν	πρων	πρυν
Χραν	χρεν	χρην	χριν	χρον	χρων	χρυν

C. J. Dupras.

βαρύς. βάλλω. βέλος. βᾶσα. βυσσός. βωμός. βοάω. γλυκύς. ποῦ. βοῦς. νοῦς. λούω. βουλή. θούλη. Ἰησοῦς. ὀστοῦν. γνούς. καί. ναί. πάπαι. πόποι. αἷμα. δαίρω. ῥαίνω. καιρός. κλαίω. σαίνω. λαιμός. εἰ παῖς. ξαίνω. χαίρω. μάτην. μάψ. εἷς. εἰμί. εἴην. λύειν. λείπω. γείτων. Νεῖλος. χείρ. χρεία. εἶδος. πεινῶ. θεῖον. σειρά. μεῖραξ. μοῖρα. χειμών. οἶκος. θοίνη. ποινή. φοιτῶ. δοίδυξ. κοιτών. λοιπόν. ποιμήν. τοῖχος. φοῖνιξ. χοῖρος. φλοιός. ἄγω. ὕδωρ ἐλθών. αὐτάρ. ἀμφί. φωνή. θάρσος. κόρη. δίχα. θυμός. ὕπνος. πένθος. γάρ. πόρος. δαίμων. ἦμαρ. τέρψις. ὄρος. κεῖμαι. ἐνί. λέκτρῳ. ἐπήν. νύξ. ἅπας. κοῖτος. κῆρ. ὀξύς. καλόν. νέος. φίλος. ὅν. ποτέ. χαλκῷ. κτείνω. κοῦρος. πάντα εὐνή. πόσις. κτῆσις. δμωή. μέγα. δῶμα. δῆμος φήμη. ἤδη. ἅμα. ὅστις. μνάω. ἕδνα. ἕως. νῦν. χῆνες. πυρός. σφίν. ἐξ. αὐχήν. ἦξε. αἰθήρ. κλαῖον. οἴκτρα. πάσχειν. ὕπαρ. ἐσθλόν. ὄρνις.

C. J. Dupras.

Ἀμοιβή. ἀνοίγω. γελοῖος. πρόνοια. ἀθροίζω.
ἕτοιμος. ἄποικος. δέσποινα. ὠδεῖον. ὑγεία.
ὀξεῖα. ἀλείφω. δανεῖον. σημεῖον. μάγειρος.
εἴσοδος. βόρειος. βραβεῖον. ἀγγεῖον. ῥεῖθρον.
βασιλεία. ταπεινός. βοήθεια. μανεῖον. ἐδήτυς.
νηςεία. μαντεῖον. ἀςεῖος. Φειδωλός. ὄνειδος.
τέλειος. χείμαρρος. ἄκουσμα. βούλησις.
βούτυρον. ἄκουστον. πυλουρός. ἀγχίνους.
πανοῦργος. ὑπουργος. Ἀργυροῦς. ὡραῖος.
ταινία. ὑφαίνω. Ἀχαιός. βέβαιος. χυδαῖος.
παλαιός Ἑβραῖος. μάταιος. ἐμβαίνω. ἀναγκή.
παλαιςής. αἵρεσις χρέμπτομαι. περαίνω.
πολύρρην. Ὀδυσσεύς. ἀλλήλοις. τοιοῦτος.
ἀγχίμολος. ὑφορβός. συβώτης ἔπειτα.
κέχρημαι. ἄρχομαι. πολύφρων. πάντοθεν.
παλύνω. μίστυλλον. ὀβελός. δαιτρεύω.
αἴσιμος. ἔπταχα. δαΐζω. εὔχομαι. ἕκαστος.
γεραίρω. διηνεκής. κυδαίνω. Φωνήσας.
C. S. Dupras.

Ὁδοιπόρος. ἐπίλοιπον. συνοικία. ἀμαυρότης.
εὐαγγέλιον. εὐαίσθητος. εὐεργεσία. εὐγνωμοσύνη.
εὐμορφία. εὐόλισθος. εὐνοϊκός. εὔσπλαγχνος.
Ἀγλαΐα. ἀπάνθρωπος. ὑπερφίαλος. οἰνοχόειν.
λιλαίομαι. καταδῦναι. σιδήρεος. ὑποδρηστῆρες.
ἐνείμενοι. καταλείπω. παντοκράτωρ. ὁδοφύλαξ.
θαλασσοκρατοῦντες. καταποντισμός. ὀδυνήφατος.
παραχειμασία. ἀθανασία. διαπαρθενεύω. παρθε-
-νοπίπης. ἰνδάλλομαι. τερπικέραυνος. ἀποφθί-
-μενος. προσωπεῖον. δασσάμενος. ταλαίπωρος.
τιτύσκομαι. πολυδάκρυτος. δακρυόεις. ἀγήνορες.
νοσφίζεσθαι. ἀποτροπῶμαι. κατόπισθε. πελεμίζω.
πειρητίζειν. μενεαίνομεν. ἀπαμύνεσθαι.
προφερέστεροι. ἐκτελέειν. Μελάνθιος. ἁμαρτάω
ἐπιδευής. μειλίχιος. ἐπιβούκολος. ἀλήθεια.
Ἀντίνοος. ἐπιδέξιος. θυόσκοος. ποτιδέγμενοι.
ἄτριπτος. ἀνδρόμεος. εὔτμητος. παπταίνειν.
παρευνάζεσθαι. Ἰθακήσιος. Εὐρύμαχος.

C. S. Dupras.

Μάρκελλος Συρακούσας ἐπολιόρκει. ὑπὸ τῶν τοῦ Ἀρχιμήδου μηχανημάτων ἡσσώμε-νος, προσβαλεῖν μὲν οὐκ ἔτι τοῖς τείχεσιν ἐθάρσει· χρόνῳ δὲ τὴν πολιορκίαν ἐπέτρε-ψε· καὶ δὴ μετὰ πολὺ Δάμιππον σπαρτιάτην Συρακουσῶν ἐκπλέοντα ἑλὼν, παρὰ τούτου ἔμαθε πύργον εἶναι τοῦ τείχους φυλασσόμενον ἀμελῶς, δυνάμενον δέξασθαι ἄνδρας συχνούς, τοῦ τείχους ἐπιβάτου ὄντος. Πρὸς δὴ τὸ ὕψος αὐτοῦ συμμέτρους κλίμακας παρασκευάσας Μάρκελλος, Συρακουσίων ἑορτὴν ἀγόντων Ἀρτέμιδι, καὶ περὶ μέθην καὶ παιδιὰν ἐχόντων, τόν τε πύργον κατέσχε, καὶ κύκλῳ τὸ τεῖχος ὅπλων ἐπλήρωσε. καὶ πρὸ τῆς ἕω τὰ ἑξάπυλα διακόψας, κατέσχε τὴν πόλιν· οἱ μὲν ϛρατιῶται γενναίως ἀγω-νισάμενοι τῆς πόλεως ἁρπαγὴν ᾐτήσαντο·

C. J. Dupras.

Οὐ μὲν ἔδωκε Μάρκελλος, ὅτι μὴ ἀπὸ μόνων ἀνδραπόδων ὠφελεῖσθαι. τῶν δὲ ἱερῶν καὶ ἐλευθέρων σωμάτων ἀπέχεσθαι προσέταξε. Λυκοῦργος παρήγγειλεν, ἐπὶ τοὺς αὐτοὺς μὴ στρατεύητε πολλάκις, ἵνα μὴ πολεμεῖν τοὺς ἐναντίους διδάσκητε.

Σκηπίων τοῦ στρατοπέδου τὰς πόρνας ἐξήλασε, κελεύσας ἐς πόλιν ἀπιέναι πανηγυρίζουσαν. προσέταξε δὲ ἀποπέμψασθαι καινὰς τραπέζας, ἐκπώματα, καὶ σκεύη πάντα, πλὴν χύτρας καὶ ὀβελίσκου, καὶ ποτηρίου· ἀργυροῦν δὲ ἔκπωμα μὴ ἔχειν πλέον δικοτύλου, καὶ λούεσθαι μηδένα· τῶν δὲ ἀλειφομένων ἕκαστον τρίβειν ἑαυτόν. τὰ γὰρ ὑποζύγια δεῖσθαι τῶν τριβόντων. ἀριστᾶν δὲ ὀρθοὺς, ἄπυρον ὄψον, δειπνοῦντας δὲ προσφέρεσθαι καὶ κρέας ὀπτὸν ἢ ἐφθόν.

C. J. Dupras.

PRINCIPES DE LECTURE GRECQUE. N.º 13

ΑΝΔΡΑ μοι ἔννεπε Μοῦσα πολύτροπον
ὃς μάλα πολλὰ,
Πλάγθη ἐπεὶ Τροίης ἱερὸν πτολίεθρον ἔπερσε·
Πολλῶν δ' ἀνθρώπων ἴδεν ἄστεα, καὶ νόον ἔγνω.
Πολλὰ δ' ὅγ' ἐν πόντῳ πάθεν ἄλγεα ὃν κατὰ θυμὸν
Ἀρνύμενος ἥν τε ψυχὴν καὶ νόστον ἑταίρων·
Ἀλλ' οὐδ' ὣς ἑτάρους ἐρρύσατο ἱέμενός περ.
Αὐτῶν γὰρ σφετέρῃσιν ἀτασθαλίῃσιν ὄλοντο.
Νήπιοι, οἳ κατὰ βοῦς ὑπερίονος ἠελίοιο
Ἤσθιον· αὐτὰρ ὁ τοῖσιν ἀφείλετο νόστιμον ἦμαρ.
Τῶν δ' ἁμόθεν γε θεὰ θυγάτερ Διὸς, εἰπὲ καὶ ἡμῖν.
Ἔνθ' ἄλλοι μὲν πάντες ὅσοι φύγον αἰπὺν ὄλεθρον,
Οἴκοι ἔσαν, πόλεμόν τε πεφευγότες ἠδὲ θάλασσαν.
Τὸν δ' οἶον νόστου τε κεχρημένον ἠδὲ γυναικός,
Νύμφη πότνι' ἔρυκε Καλυψὼ δῖα θεάων.
Ἐν σπέσι γλαφυροῖσι, λιλαιομένη πόσιν εἶναι.
Ἀλλ' ὅτε δὴ ἔτος ἦλθε περιπλομένων ἐνιαυτῶν.
Τῷ οἱ ἐπεκλώσαντο θεοί οἴκονδε νέεσθαι.

C. J. Dupras.

Ὦ πάτερ ἡμέτερε, Κρονίδη, ὕπατε Κρειόντων,
Καὶ λίην κεῖνός γε ἐοικότι κεῖται ὀλέθρῳ.
Ὡς ἀπόλοιτο καὶ ἄλλος ὅτις τοιαῦτά γε ῥέζοι.
Ἀλλά μοι ἀμφ' Ὀδυσῆϊ δαΐφρονι δαίεται ἦτορ
Δυσμόρῳ, ὃς δὴ δῆθα φίλων ἄπο πήματα πάσχει,
Νήσῳ ἐν ἀμφιρύτῃ ὅθι τ' ὀμφαλός ἐστι θαλάσσης,
Νῆσος δενδρήεσσα· θεὰ δ' ἐν δώμασι ναίει.
Ἄτλαντος θυγάτηρ ὀλοόφρονος, ὥστε θαλάσσης
Πάσης βένθεα οἶδεν ἔχει δέ τε κίονας αὐτὸς
Μακρὰς αἳ γαῖάν τε καὶ οὐρανὸν ἀμφὶς ἔχουσι·
τοῦ θυγάτηρ δύστηνος ὀδυρόμενον κατερύκει.
Αἰεὶ δὲ μαλακοῖσι καὶ αἱμυλίοισι λόγοισι
Θέλγει, ὅπως Ἰθάκης ἐπιλήσεται· αὐτὰρ Ὀδυσσεὺς
Ἱέμενος καὶ καπνὸν ἀποθρώσκοντα νοῆσαι
Ἧς γαίης, θανέειν ἱμείρεται. οὐδέ νύ σοί περ
Ἐντρέπεται φίλον ἦτορ, Ὀλύμπιε. οὐ νύ τ' Ὀδυσσεὺς
Ἀργείων παρὰ νηυσὶ χαρίζετο, ἱερὰ ῥέζων
Τροίῃ ἐν εὐρείῃ; Τί νύ οἱ τόσον ὠδύσαο Ζεῦ;

C. J. Dupras.

ÉLÉMENS DES LANGUES LATINE ET GRECQUE. N° 15.

PREMIÈRE DÉCLINAISON.

Tous les noms latins en A, qui ont le génitif en AE, se déclinent comme Oda.
Tous les noms grecs en H se déclinent comme Ὠδή.

Singulier
- Nominatif ..... l' Ode ..... Od a .... ἡ ..... Ὠδ η
- Génitif ..... de l' Ode ..... Od æ .... τῆς ..... Ὠδ ης
- Datif ..... à l' Ode ..... Od æ .... τῇ ..... Ὠδ η
- Accusatif ..... l' Ode ..... Od am .... τὴν ..... Ὠδ ην
- Vocatif ..... ô Ode ..... Od a .... Ὠδ η
- Ablatif ..... de l' Ode ..... Od â ....

Pluriel
- Nom ..... les Ode s ..... Od æ .... αἱ ..... Ὠδ αι
- Gén ..... des Ode s ..... Od arum .... τῶν ..... Ὠδ ῶν
- Dat ..... aux Ode s ..... Od is .... ταῖς ..... Ὠδ αις
- Acc ..... les Ode s ..... Od as .... τὰς ..... Ὠδ ας
- Voc ..... ô Ode s ..... Od a .... Ὠδ αι
- Abl ..... des Ode s ..... Od is ....

Duel
- No. Ac. Vo. les deux Ode s .... τὰ ..... Ὠδ α
- Gé. Da. de ou à deux Ode s .... ταῖν ..... Ὠδ αιν

Déclinez de même
la Porte	Port a	ἡ	Πύλ η
la Matière	Materi a	ἡ	Ὕλ η
la Nymphe	Nymph a	ἡ	Νύμφ η
la Mollesse	Molliti a	ἡ	Τρυφ η
la Rue	Vi a	ἡ	Ῥύμ η
l' Anse	Ans a	ἡ	Λαβ η
la Bergerie	Caul a	ἡ	Αὐλ η
la Barque	Cymb a	ἡ	Κύμβ η
la Peinture	Pictur a	ἡ	Γραφ η
la Nappe	Mapp a	ἡ	Ὀθόν η

C. J. Dupras.

ÉLÉMENS DES LANGUES LATINE ET GRECQUE.

PREMIÈRE DÉCLINAISON.

Tous les noms latins en A qui ont le génitif en Æ se déclinent comme Musa.
Tous les noms grecs en A qui ne sont ni en a pur, ni en θα, δα, ρα, se déclinent comme Μοῦσα.

Sing.	Nom.	la Muse	Mus	a	ἡ	Μοῦσ α
	Gén.	de la Muse	Mus	æ	τῆς	Μούσ ας
	Dat.	à la Muse	Mus	æ	τῇ	Μούσ ᾳ
	Acc.	la Muse	Mus	am	τὴν	Μοῦσ αν
	Voc.	ô Muse	Mus	a	ὦ	Μοῦσ α
	Abl.	de la Muse	Mus	â		
Plur.	Nom.	les Muses	Mus	æ	αἱ	Μοῦσ αι
	Gén.	des Muses	Mus	arum	τῶν	Μουσ ῶν
	Dat.	aux Muses	Mus	is	ταῖς	Μούσ αις
	Acc.	les Muses	Mus	as	τὰς	Μούσ ας
	Voc.	ô Muses	Mus	æ	ὦ	Μοῦσ αι
	Abl.	des Muses	Mus	is		
Duel	N.A.V.	les deux Muses			τὰ	Μούσ α
	G.D.	de ou à deux Muses			ταῖν	Μούσ αιν

Déclinez de même.

la Table	Mens	a	ἡ	Τραπέζ α
la Reine	Regin	a	ἡ	Ἄνασσ α
la Langue	Lingu	a	ἡ	Γλῶττ α
la Pâte	Mass	a	ἡ	Μάζ α
le Surtout	Læn	a	ἡ	Χλαῖν α
la Toge	Tog	a	ἡ	Τήβενν α
la Vengeance	Vindict	a	ἡ	Ἄμυν α
la Tempête	Procell	a	ἡ	Θύελλ α
l'Enflure	Ampull	a	ἡ	Φῦσ α
la Baleine	Balæn	a	ἡ	Φάλαιν α

C. J. Dupras.

ÉLÉMENS DES LANGUES LATINE ET GRECQUE.

PREMIÈRE DÉCLINAISON

Toutes les Noms latins féminins en A qui répondent aux Noms masculins en US, font abus au datif et à l'ablatif pluriels et se déclinent comme Dea. Tous les Noms Grecs de la première déclinaison, dont le Nominatif est en A pur ou en θα, δα, ρα se déclinent comme θεα.

Sing.
Nom.	la	Déesse	De	a	ἡ	Θε α
Gén.	de la	Déesse	De	æ	τῆς	Θε ᾶς
Dat.	à la	Déesse	De	æ	τῇ	Θε ᾷ
Acc.	la	Déesse	De	am	τὴν	Θε άν
Voc.	ô	Déesse	De	a	ὦ	Θε ά
Abl.	de la	Déesse	De	â		

Plur.
Nom.	les	Déesse s	De	æ	αἱ	Θε αί
Gén.	des	Déesse s	De	arum	τῶν	Θε ῶν
Dat.	aux	Déesse s	De	abus	ταῖς	Θε αῖς
Acc.	les	Déesse s	De	as	τὰς	Θε άς
Voc.	ô	Déesse s	De	æ	ὦ	Θε αί
Abl.	des	Déesse s	De	abus		

Duel
N.A.V.	les deux	Déesse s	τὰ	Θε ά
G.D.	de ou à deux	Déesse s	ταῖν	Θε αῖν

Déclinez de même :

l'	Ombre		ἡ	Σκι α
le	Soin		ἡ	Ἐπιμέλει α
la	Folie		ἡ	Μωρί α
l'	Hydre		ἡ	Ὑδρ α
l'	Amitié		ἡ	Φιλί α
la	Mouche		ἡ	Μυῖ α
la	Colombe		ἡ	Περιστερ α
la	Porte		ἡ	Θύρ α
la	Dame	Domin a	ἡ	Κυρί α
l'	Amie	Amic a	ἡ	Ἑταίρ α

C. J. Dupras

ÉLEMENS DES LANGUES LATINE ET GRECQUE.

PREMIÈRE DÉCLINAISON.

Tous les noms latins en AS, qui ont le génitif en Æ, se déclinent comme Syringias.
Tous les noms grecs en ΑΣ, se déclinent comme Συριγγίας.

Sing.
Nom.	le	Roseau	Syringi	as	ὁ	Συριγγί	ας
Gén.	du	Roseau	Syringi	æ	τοῦ	Συριγγί	ου
Dat.	au	Roseau	Syringi	æ	τῷ	Συριγγί	ᾳ
Acc.	le	Roseau	Syringi	an	τὸν	Συριγγί	αν
Voc.	ô	Roseau	Syringi	a		Συριγγί	α
Abl.	du	Roseau	Syringi	â			

Plur.
Nom.	les	Roseau x	Syringi	æ	οἱ	Συριγγί	αι
Gén.	des	Roseau x	Syringi	arum	τῶν	Συριγγί	ῶν
Dat.	aux	Roseau x	Syringi	is	τοῖς	Συριγγί	αις
Acc.	les	Roseau x	Syringi	as	τοὺς	Συριγγί	ας
Voc.	ô	Roseau x	Syringi	æ		Συριγγί	αι
Abl.	des	Roseau x	Syringi	is			

Duel.
N.A.V.	les deux Roseau	x		τω	Συριγγί	α
G.D.	de ou à deux Roseau	x		τοῖν	Συριγγί	αιν

Déclinez de même *(Les noms propres n'ont pas de pluriel.)*

Ænée	Æné	as	ὁ	Αἰνεί	ας
Critias	Criti	as	ὁ	Κριτί	ας
Pélopidas	Pelopid	as	ὁ	Πελοπίδ	ας
Pausanias	Pausani	as	ὁ	Παυσανί	ας
Hylas	Hyl	as	ὁ	Ὕλ	ας
Amyntas	Amynt	as	ὁ	Ἀμύντ	ας
Nicias	Nici	as	ὁ	Νικί	ας
Evagoras	Evagor	as	ὁ	Ἐυαγόρ	ας
Charondas	Charond	as	ὁ	Χαρώνδ	ας
Chabrias	Chabri	as	ὁ	Χαβρί	ας

C.S. Dupuis

ÉLÉMENS DES LANGUES LATINE ET GRECQUE.

PREMIÈRE DÉCLINAISON.

Tous les Noms latins qui ont le Nominatif en E & le génitif en ES. se déclinent comme Chelone.

Sing.
Nom.	la	Tortue	Chelon	e	ἡ	Χελών η
Gén.	de la	Tortue	Chelon	es	τῆς	Χελών ης
Dat.	à la	Tortue	Chelon	æ	τῇ	Χελών ῃ
Acc.	la	Tortue	Chelon	en	τὴν	Χελών ην
Voc.	ô	Tortue	Chelon	e	ὦ	Χελών η
Abl.	de la	Tortue	Chelon	e		

Plur.
Nom.	les	Tortues	Chelon	æ	αἱ	Χελών αι
Gén.	des	Tortues	Chelon	arum	τῶν	Χελών ῶν
Dat.	aux	Tortues	Chelon	is	ταῖς	Χελών αις
Acc.	les	Tortues	Chelon	as	τὰς	Χελών ας
Voc.	ô	Tortues	Chelon	æ	ὦ	Χελών αι
Abl.	des	Tortues	Chelon	is		

Duel.
N.A.V. des deux	Tortues	τὰ	Χελών α
G.D. de ou à deux	Tortues	ταῖν	Χελών αιν

Déclinez de même:
la	Grammaire	Grammatic	e	ἡ Γραμματικὴ
la	Rhétorique	Rhetoric	e	ἡ Ῥητορικὴ
la	Musique	Music	e	ἡ Μουσικὴ
l'	Abrégé	Epitom	e	ἡ Ἐπιτομὴ
la	Tactique	Tactic	e	ἡ Τακτικὴ
la	Dialectique	Dialectic	e	ἡ Διαλεκτικὴ
l'	Art du potier	Plastic	e	ἡ Πλαςικὴ
la	Physique	Physic	e	ἡ Φυσικὴ
l'	Épuisement	Phtho	e	ἡ Φθοὴ
la	Logique	Logic	e	ἡ Λογικὴ

C. J. Dupras.

ÉLÉMENS DES LANGUES LATINE ET GRECQUE. N.° 20.

PREMIERE DECLINAISON.

Tous les noms latins en ES, qui ont le génitif en Æ, se déclinent comme Sophistes.
Tous les noms grecs en ης se déclinent comme Σοφιςης

sing.
Nom.	le	Sophiste	Sophist	es	ὁ	Σοφις	ης
Gén.	du	Sophiste	Sophist	æ	τοῦ	Σοφις	ου
Dat.	au	Sophiste	Sophist	æ	τῷ	Σοφις	η
Acc.	le	Sophiste	Sophist	en	τὸν	Σοφις	ην
Voc.	ô	Sophiste	Sophist	e		Σοφις	η
Abl.	du	Sophiste	Sophist	e	ou	Σοφις	α

plur.
Nom.	les	Sophiste s	Sophist	æ	οἱ	Σοφις	αι
Gén.	des	Sophiste s	Sophist	arum	τῶν	Σοφις	ῶν
Dat.	aux	Sophiste s	Sophist	is	τοῖς	Σοφις	αις
Acc.	les	Sophiste s	Sophist	as	τοὺς	Σοφις	ας
Voc.	ô	Sophiste s	Sophist	æ		Σοφις	αι
Abl.	des	Sophiste s	Sophist	is			

duel.
N.A.V. les deux Sophiste s			τω	Σοφις	α
G.D. de ou a deux Sophiste s			τοῖν	Σοφις	αιν

Déclinez de même.
la	Comète	Comèt	es	ὁ	Κομήτ	ης
le	Prophète	Prophet	es	ὁ	Προφήτ	ης
le	Comédien	Hypocrit	es	ὁ	Ὑποκριτ	ης
le	Mouleur	Plast	es	ὁ	Πλάς	ης
le	Chasseur	Therat	es	ὁ	Θηράτ	ης
le	Frotteur	Alipt	es	ὁ	Ἀλείπτ	ης
le	Filou	Clept	es	ὁ	Κλέπτ	ης
le	Joueur de harpe	Psalt	es	ὁ	Ψάλτ	ης
l'	Escamoteur	Psephocleptes		ὁ	Ψηφοκλεπτ	ης
le	Fils d'Atrée	Atrid	es	ὁ	Ἀτρείδ	ης

C. J. Dupras.

ÉLÉMENS DES LANGUES LATINE ET GRECQUE.

DEUXIÈME DÉCLINAISON.

Tous les Noms latins en US qui ont le génitif en I, se déclinent sur Dominus, et ils ont le vocatif singulier en E ; les Noms en IUS ont le vocatif en I, les Noms en EUS tirés du grec, ont le vocatif en EU. les trois Noms Deus, Agnus, Chorus, ont le vocatif semblable au Nominatif.

Tous les Noms Grecs en ος qui ont le génitif en ου se déclinent comme Κύριος

Sing.	Nom....le	Seigneur......	Domin us.......	ὁ	Κύρι	ος
	Gén....du	Seigneur......	Domin i.......	τοῦ	Κυρί	ου
	Dat....au	Seigneur......	Domin o.......	τῷ	Κυρί	ῳ
	Acc....le	Seigneur......	Domin um......	τὸν	Κύρι	ον
	Voc....ô	Seigneur......	Domin e.......		Κύρι	ε
	Abl....du	Seigneur......	Domin o.......			
Plur.	Nom....les	Seigneur s....	Domin i.......	οἱ	Κύρι	οι
	Gén....des	Seigneur s....	Domin orum....	τῶν	Κυρί	ων
	Dat....aux	Seigneur s....	Domin is.......	τοῖς	Κυρί	οις
	Acc....les	Seigneur s....	Domin os.......	τοὺς	Κυρί	ους
	Voc....ô	Seigneur s....	Domin i.......		Κύρι	οι
	Abl....des	Seigneur s....	Domin is.......			
Duel	N.A.V. les deux	Seigneur s....		τὼ	Κυρί	ω
	G.D. de ou à deux	Seigneur s....		τοῖν	Κυρί	οιν
Déclinez de même	l' Ami	Amic us	ὁ	Φίλ	ος
	l' Aïeul	Av us	ὁ	Πάππ	ος
	le Clou	Clav us	ὁ	Γόμφ	ος
	le Jardin	Hort us	ὁ	Κῆπ	ος
	l' Ane	Asin us	ὁ	Ὄν	ος
	le Cheval	Equ us	ὁ	Ἵππ	ος
	l' Epaule	Arm us	ὁ	Ὦμ	ος
	le Fils	Fili us	ὁ	Ὑι	ος
	l' Agneau	Agn us	ὁ	Ἄρν	ος
C.J. Dupras.	le Chœur	Chor us	ὁ	Χόρ	ος

ÉLÉMENS DES LANGUES LATINE ET GRECQUE.

N.º 22.

DEUXIÈME DÉCLINAISON.

Tous les Noms latins en ER et en IR qui ont le génitif en I, se déclinent comme APER, et ils ont le Vocatif semblable au Nominatif.

Sing.
Nom	le Sanglier	Ap er	ὁ	Κάπρ	ος
Gén	du Sanglier	Ap ri	τοῦ	Κάπρ	ου
Dat	au Sanglier	Ap ro	τῷ	Κάπρ	ῳ
Acc	le Sanglier	Ap rum	τὸν	Κάπρ	ον
Voc	ô Sanglier	Ap er	ὦ	Κάπρ	ε
Abl	du Sanglier	Ap ro			

Plur.
Nom	les Sangliers	Ap ri	οἱ	Κάπρ	οι
Gén	des Sangliers	Ap rorum	τῶν	Κάπρ	ων
Dat	aux Sangliers	Ap ris	τοῖς	Κάπρ	οις
Acc	les Sangliers	Ap ros	τοὺς	Κάπρ	ους
Voc	ô Sangliers	Ap ri	ὦ	Κάπρ	οι
Abl	des Sangliers	Ap ris			

Duel
N.A.V. les deux Sangliers		τὼ	Κάπρ ω
G.D. de ou à deux Sangliers		τοῖν	Κάπρ οιν

Déclinez de même :

le Livre	Liber,	bri	ἡ	Βίβλος ος
le Maître	Magister,	tri	ὁ	Διδάσκαλ ος
l'Enfant	Puer,	eri	ὁ	Νεάνισκ ος
le Soir	Vesper,	eri	ὁ	Ἕσπερ ος
le Champ	Ager,	ri	ὁ	Ἀγρ ός
le Cimbre	Cimber,	bri	ὁ	Κίμβρ ος
le Cancer	Cancer,	cri	ὁ	Καρκῖν ος
le Chevreau	Caper,	pri	ὁ	Τράγ ος
l'Âne sauvage	Onager,	gri	ὁ	Ὄναγρ ος
l'Étoile du matin	Lucifer,	feri	ὁ	Φωσφόρ ος

C.J. Duprus.

ÉLÉMENS DES LANGUES LATINE ET GRECQUE.   N.° 23

DEUXIÈME DÉCLINAISON.

Tous les Noms neutres latins en *UM* se déclinent sur **TEMPLUM**.
Tous les Noms neutres Grecs en *ον* se déclinent sur ἱερόν.
Remarque: Tous les Noms neutres latins ou Grecs ont dans toutes les déclinaisons trois cas semblables au singulier et au pluriel: les Nominatifs, les Accusatifs et les Vocatifs.

Sing.
Nom...le	Temple......	Templ um	τὸ	Ἱερ όν
Gén...du	Temple......	Templ i	τοῦ	Ἱερ οῦ
Dat...au	Temple......	Templ o	τῷ	Ἱερ ῷ
Acc...le	Temple......	Templ um	τὸ	Ἱερ όν
Voc....ô	Temple......	Templ um	ὦ	Ἱερ όν
Abl...du	Temple......	Templ o		

Plur.
Nom...les	Temple s.....	Templ a	τὰ	Ἱερ ά
Gén...des	Temple s.....	Templ orum	τῶν	Ἱερ ῶν
Dat...aux	Temple s.....	Templ is	τοῖς	Ἱερ οῖς
Acc....les	Temple s.....	Templ a	τὰ	Ἱερ ά
Voc....ô	Temple s.....	Templ a	ὦ	Ἱερ ά
Abl...des	Temple s.....	Templ is		

Duel
N.A.V. les deux	Temple s	τὼ	Ἱερ ώ
G.D. de ou à deux	Temple s	τοῖν	Ἱερ οῖν

Déclinez de même:

le	Secret......	Arcanum,	ni...	τὸ	Ἀπόρρητον
la	Feuille......	Folium ;	lii...	τὸ	Φύλλ ον
le	Don..........	Donum,	ni...	τὸ	Δῶρ ον
le	Bois........	Lignum,	ni...	τὸ	Ξύλ ον
l'	Archet......	Plectrum,	tri...	τὸ	Πλῆκτρ ον
le	Lin..........	Linum,	ni...	τὸ	Λίν ον
l'	Instrument..	Instrumentum, ti	...	τὸ	Ὄργαν ον
le	Ragoût......	Obsonium,	nii...	τὸ	Ὀψώνι ον
la	Boucherie	Carnarium,	rii...	τὸ	Κρεωπώλιον
le	Poison......	Venenum,	ni...	τὸ	Φάρμακον

C. J. Dupras.

ÉLÉMENS DES LANGUES LATINE ET GRECQUE.

DEUXIÈME DÉCLINAISON.
(Forme attique pour le Grec.)

Déclinez sur Μήτρως tous les Noms grecs en ως qui ont été formés attiquement d'un Nom en ος de la seconde déclinaison.

Les attiques forment ces Noms en changeant ο et α en ω à la terminaison, et α long en ε à la pénultième. Ils retranchent encore l'υ et souscrivent ι à la terminaison. C'est ainsi que de λαός ils font λεώς dont le génitif est λεώ et non pas λαοῦ et le datif pluriel λεῴς et non pas λαοῖς.

			Latin	Greek
Sing.	Nom.	l' Oncle	Avuncul us	ὁ Μήτρ ως
	Gén. de l' Oncle	Avuncul i	τοῦ Μήτρ ω
	Dat. à l' Oncle	Avuncul o	τῷ Μήτρ ῳ
	Acc. l' Oncle	Avuncul um	τὸν Μήτρ ων
	Voc. ô Oncle	Avuncul e	ὦ Μήτρ ως
	Abl. de l' Oncle	Avuncul o	
Plur.	Nom. les Oncle s	Avuncul i	οἱ Μήτρ ῳ
	Gén. des Oncle s	Avuncul orum	τῶν Μήτρ ων
	Dat. aux Oncle s	Avuncul is	τοῖς Μήτρ ῳς
	Acc. les Oncle s	Avuncul os	τοὺς Μήτρ ως
	Voc. ô Oncle s	Avuncul i	ὦ Μήτρ ῳ
	Abl. des Oncle s	Avuncul is	
Duel	N.A.V. les deux Oncle s		τὼ Μήτρ ω
	G.D. de ou à deux Oncle s		τοῖν Μήτρ ων

Déclinez de même :

le	Peuple	Populus, i	ὁ Λε ώς
l'	Oncle paternel	Patruus, ui	ὁ Πάτρ ως
le	Maigre	Macilentus, ti	ὁ Λειπό χρεως
	Ménélas	Menelaus, ai	ὁ Μενελέ ως
	Androgée	Androgeus, ei	ὁ Ἀνδρό γεως
la	Corde		ὁ Κάλ ως
le	Rire		ὁ Γέλ ως
le	Lièvre		ὁ Λά γως
le	Temple		ὁ Νε ώς
l'	Aire		ἡ Ἀλ ώς

C. J. Dupras.

ÉLÉMENS DES LANGUES LATINE ET GRECQUE.

DEUXIÈME DÉCLINAISON.
(Forme Attique pour le Grec.)

Déclinez sur Χρέων tous les Noms attiques en ων, qui ont été formés d'un Nom Commun en ον.

Sing.
Nom.	la Dette	Debit um	τὸ	Χρε	ών
Gén.	de la Dette	Debit i	τοῦ	Χρε	ώ
Dat.	à la Dette	Debit o	τῷ	Χρε	ῷ
Acc.	la Dette	Debit um	τὸ	Χρε	ών
Voc.	ô Dette	Debit um	ὦ	Χρε	ών
Abl.	de la Dette	Debit o			

Plur.
Nom.	les Dettes	Debit a	τὰ	Χρε	ώ
Gén.	des Dettes	Debit orum	τῶν	Χρε	ῶν
Dat.	aux Dettes	Debit is	τοῖς	Χρε	ῴς
Acc.	les Dettes	Debit a	τὰ	Χρε	ώ
Voc.	ô Dettes	Debit a	ὦ	Χρε	ώ
Abl.	des Dettes	Debit is			

Duel
N.A.V.	les deux Dettes		τὼ	Χρε ώ
G.D.	de ou à deux Dettes		τοῖν	Χρε ῷν

Déclinez de même :

la Salle à manger	Cœnacul um	τὸ	Ἀνώγε	ων
le Souterrain	Hypogæ um	τὸ	Ὑπόγε	ων
l'Apogée	Apogæ um	τὸ	Ἀπόγε	ων
le Périgée	Perigæ um	τὸ	Περίγε	ων
la Fertilité		τὸ	Εὔγε	ων

C. J. Duprat

ÉLÉMENS DES LANGUES LATINE ET GRECQUE.

TROISIÈME DÉCLINAISON.

Tous les noms latins qui ont le génitif singulier en IS et le génitif pluriel en UM se déclinent comme PASTOR. Les noms tirés du Grec ont l'Accusatif singulier en EM ou en A et l'Accusatif pluriel en ES ou en AS.

Tous les noms Grecs terminés par une Consonne et qui ont l'Accusatif en a se déclinent comme ποιμήν.

Sing.	Nom.	le Berger	Pastor	ὁ	Ποιμ	ήν
	Gén.	du Berger	Pastor is	τοῦ	Ποιμ	ένος
	Dat.	au Berger	Pastor i	τῷ	Ποιμ	ένι
	Acc.	le Berger	Pastor em	τὸν	Ποιμ	ένα
	Voc.	ô Berger	Pastor	ὦ	Ποιμ	ήν
	Abl.	du Berger	Pastor e			
Plur.	Nom.	les Berger s	Pastor es	οἱ	Ποιμ	ένες
	Gén.	des Berger s	Pastor um	τῶν	Ποιμ	ένων
	Dat.	aux Berger s	Pastor ibus	τοῖς	Ποιμ	έσι
	Acc.	les Berger s	Pastor es	τοὺς	Ποιμ	ένας
	Voc.	ô Berger s	Pastor es	ὦ	Ποιμ	ένες
	Abl.	des Berger s	Pastor ibus			
Duel	N.A.V. les deux	Berger s		τὼ	Ποιμ	ένε
	G.D. de ou à deux	Berger s		τοῖν	Ποιμ	ένοιν

Déclinez de même	le Lion	Leo, *gén* nis	ὁ	Λέ	ων
	le Sauveur	Salvator, ris	ὁ	Σωτ	ήρ
	le Chef	Dux, cis	ὁ	Ἡγεμ	ών
	le Charbon	Carbo, nis	ὁ	Ἄνθρ	αξ
	l' Orateur	Orator, ris	ὁ	Ῥήτ	ωρ
	le Général	Imperator, oris	ὁ	Αὐτοκρατ	ωρ
	le Chasseur	Venator, ris	ὁ	Θηρήτ	ηρ
	le Père	Pater, tris	ὁ	Γενέτ	ωρ
	l' Humeur	Humor, ris	ἡ	Ὑγρότ	ης
C. J. Dupras.	la Pesanteur	Gravitas, atis	ἡ	Βαρύτ	ης

ÉLÉMENS DES LANGUES LATINE ET GRECQUE.

TROISIÈME DÉCLINAISON.

Tous les Noms latins qui ont le génitif singulier en IS et le génitif pluriel en IUM se déclinent comme AVIS.

Tous les Noms Grecs qui terminent indifféremment leur Accusatif singulier par α ou par ν se déclinent comme Ὄρνις.

Sing.
Nom.	l'Oiseau	Av is	ἡ	Ὄρ νις
Gén.	de l'Oiseau	Av is	τῆς	Ὄρ νιθος
Dat.	à l'Oiseau	Av i	τῇ	Ὄρ νιθι
Acc.	l'Oiseau	Av em	τὴν	Ὄρ νιθα / Ὄρ νιν
Voc.	ô Oiseau	Av is	ὦ	Ὄρ νι
Abl.	de l'Oiseau	Av e		

Plur.
Nom.	les Oiseau x	Av es	αἱ	Ὄρ νιθες
Gén.	des Oiseau x	Av ium	τῶν	Ὄρ νιθων
Dat.	aux Oiseau x	Av ibus	ταῖς	Ὄρ νισι
Acc.	les Oiseau x	Av es	τὰς	Ὄρ νιθας
Voc.	ô Oiseau x	Av es	ὦ	Ὄρ νιθες
Abl.	des Oiseau x	Av ibus		

Duel
N. A. V.	les deux Oiseau x	τὰ	Ὄρ νιθε
G. D.	de ou à deux Oiseau x	τοῖν	Ὄρ νιθοιν

Déclinez de même :

la	Clef	Clav is, vis	ἡ Κλείς ιδος
le	Renard	Vulp es, pis	ἡ Λαμπουρ ις
la	Brebis	Ov is, vis	ἡ Ὄ ις
la	Corbeille	Corb is, bis	ἡ Σπυρ ις
"	Iris	Ir is, idis	ἡ Ἴρ ις
la	Base		ἡ Κρηπίς ιδος
la	Goutte		ἡ Ἀρθριτ ις
la	Pleurésie		ἡ Πλευριτ ις
la	Boëte		ἡ Πυξ ίς
le	Ciseau		ἡ Ψαλις

C. J. Dupras.

ÉLÉMENS DES LANGUES LATINE ET GRECQUE. N.º 28

TROISIÈME DÉCLINAISON.

Ce sont les noms neutres de la troisième déclinaison, qui ont le génitif pluriel en ORUM se déclinent comme CORPUS.
Les noms grecs neutres de la troisième déclinaison qui se terminent en α se déclinent comme Σῶμα

Sing.	Nom....le	Corps........	Corp us.......	τὸ	Σῶμα
	Gén.....du	Corps........	Corpor is.......	τοῦ	Σώματος
	Dat....au	Corps........	Corpor i........	τῷ	Σώματι
	Acc.....le	Corps........	Corp us.......	τὸ	Σῶμα
	Voc.....ô	Corps........	Corp us.......	ὦ	Σῶμα
	Abl.....du	Corps........	Corpor e.......		
Plur.	Nom....les	Corps........	Corpor a.......	τὰ	Σώματα
	Gén....des	Corps........	Corpor um.....	τῶν	Σωμάτων
	Dat....aux	Corps........	Corpor ibus....	τοῖς	Σώμασι
	Acc....les	Corps........	Corpor a.......	τὰ	Σώματα
	Voc....ô	Corps........	Corpor a.......	ὦ	Σώματα
	Abl....des	Corps........	Corpor ibus....		
Duel	N.A.V. les deux	Corps........		τὼ	Σώματε
	G.D. de ou à deux	Corps........		τοῖν	Σωμάτοιν
Déclinez de même	le Soulagement	Levamen, minis	τὸ Κούφισμα
	le Troupeau....	Pecus,.....coris	τὸ Θρέμμα
	le Poëme.......	Poëma,....atis	τὸ Ποίημα
	le Nom.........	Nomen,....minis	τὸ Ὄνομα
	la Foi...........	Jecur,......coris	τὸ Ἧπαρ ατος
	la Blessure.....	Vulnus,....neris	τὸ Τραῦμα
	le Morceau.....	Fragmen, minis	τὸ Κλάσμα
	le Bourgeon....	Germen,..minis	τὸ Γέννημα
	le Cadavre.....	Cadaver,..veris	τὸ Πτῶμα
	la Peau.........	Tergus,....goris	τὸ Δέρμα

C. J. Dupras.

ÉLÉMENS DES LANGUES LATINE ET GRECQUE.

TROISIÈME DÉCLINAISON.
(Noms grecs contractés.)

Tous les noms qui ont le génitif singulier en IS et l'Accusatif en IM se déclinent comme SECURIS.
Tous les Noms grecs en υς qui ont le génitif en εως se déclinent comme πέλεκυς.

			Latin		Grec
Sing.	Nom.	la Hache	Secur is	ὁ	Πέλεκ υς
	Gén.	de la Hache	Secur is	τοῦ	Πέλεκ εως / εος
	Dat.	à la Hache	Secur i	τῷ	Πέλεκ ϋ / ει
	Acc.	la Hache	Secur im	τὸν	Πέλεκ υν
	Voc.	ô Hache	Secur is	ὦ	Πέλεκ υ
	Abl.	de la Hache	Secur i		
Plur.	Nom.	les Haches	Secur es	οἱ	Πέλεκ εες / εις
	Gén.	des Haches	Secur ium	τῶν	Πελεκ έων
	Dat.	aux Haches	Secur ibus	τοῖς	Πελέκ εσι
	Acc.	les Haches	Secur es	τοὺς	Πελέκ εας / εις
	Voc.	ô Haches	Secur es	ὦ	Πελέκ εες / εις
	Abl.	des Haches	Secur ibus		
Duel	N.A.V.	les deux Haches		τὼ	Πελέκ εε
	G.D.	de ou à deux Haches		τοῖν	Πελεκ έοιν

Déclinez de même :

		Latin		Grec
le	Bassin	Pelvis, vis	ὁ	Πέλ υς
la	Coudée		ὁ	Πῆχ υς
la	Voix		ἡ	Γῆρ υς
la	Femelle		ὁ	Θῆλ υς
la	Moitié		ὁ	Ἥμισ υς
la	Base	Basis, sis		
la	Toux	Tussis, sis		
la	Force	Vis, is		
le	Tibre	Tibris, beris		
la	Saône	Arar, raris		

C. J. Dupras.

ÉLÉMENS DES LANGUES LATINE ET GRECQUE.

TROISIÈME DÉCLINAISON.
(Noms Grecs contractés.)

Tous les Noms neutres latins de la troisième déclinaison qui ont le génitif pluriel en IUM se déclinent comme MARE.
Tous les Neutres Grecs de la troisième déclinaison, qui ont le Nominatif en ΟΣ se déclinent comme πέλαγος.

Sing.
Nom.	la	Mer	Mar e	τὸ	Πέλαγ	ος
Gén.	de la	Mer	Mar is	τοῦ	Πελάγ	εος, ους
Dat.	à la	Mer	Mar i	τῷ	Πελάγ	εϊ, ει
Acc.	la	Mer	Mar e	τὸ	Πέλαγ	ος
Voc.	ô	Mer	Mar e	ὦ	Πέλαγ	ος
Abl.	de la	Mer	Mar i			

Plur.
Nom.	les	Mers	Mar ia	τὰ	Πελάγ	εα, η
Gén.	des	Mers	Mar ium	τῶν	Πελαγ	έων, ῶν
Dat.	aux	Mers	Mar ibus	τοῖς	Πελάγ	εσι
Acc.	les	Mers	Mar ia	τὰ	Πελάγ	εα, η
Voc.	ô	Mers	Mar ia	ὦ	Πελάγ	εα, η
Abl.	des	Mers	Mar ibus			

Duel
N.A.V. les deux	Mers		τὼ	Πελάγ	εε, η
G.D. de ou à deux	Mers		τοῖν	Πελαγ	έοιν, οῖν

Déclinez de même :

le	Sanctuaire	Penetral e	τὸ	Κεῦθος
la	Chanson		τὸ	Μέλος
la	Voile		τὸ	Λαῖφος
le	Mot		τὸ	Ἔπος
la	Hauteur		τὸ	Ὕψος
la	Baleine		τὸ	Κῆτος
la	Coutume		τὸ	Ἔθος
la	Dispute		τὸ	Νεῖκος
le	Toit		τὸ	Στέγος
le	Glaive		τὸ	Ξίφος

ÉLÉMENS DES LANGUES LATINE ET GRECQUE.   N° 31

TROISIÈME DÉCLINAISON.
(Noms Grecs contractés.)

Tous les Noms latins tirés du grec, qui ont le génitif Singulier en *IS* ou en *EOS* se déclinent comme *HERESIS*.
Tous les Noms Grecs en ις qui ont le génitif Singulier en εος ou en εως se déclinent comme Ἁίρεσις.

Sing.
Nom.	l'	Hérésie	Hæres is	ἡ	Ἁίρεσ ις
Gén.	de l'	Hérésie	Hæres is ou eos	τῆς	Ἁιρέσ {εος/εως}
Dat.	à l'	Hérésie	Hæres i	τῇ	Ἁιρέσ {εϊ/ει}
Acc.	l'	Hérésie	Hæres im ou in	τὴν	Ἁίρεσ ιν
Voc.	ô	Hérésie	Hæres is	ὦ	Ἁίρεσ ι
Abl.	de l'	Hérésie	Hæres i		

Plur.
Nom.	les	Hérésie s	Hæres es	αἱ	Ἁιρέσ {εες/εις}
Gén.	des	Hérésie s	Hæres eon	τῶν	Ἁιρέσ εων
Dat.	aux	Hérésie s	Hæres ibus	ταῖς	Ἁιρέσ εσι
Acc.	les	Hérésie s	Hæres es	τὰς	Ἁιρέσ {εας/εις}
Voc.	ô	Hérésie s	Hæres es	ὦ	Ἁιρέσ {εες/εις}
Abl.	des	Hérésie s	Hæres ibus		

Duel
N.A.V.	les deux Hérésie s		τὰ	Ἁιρέσ εε
G.D.	de ou à deux Hérésie s		ταῖν	Ἁιρεσ έοιν

Déclinez de même :

la	Poësie	Poesis,	seos. ἡ	Ποίησ ις
la	Thèse	Thesis,	seos. ἡ	Θέσ ις
la	Genèse	Genesis,	seos. ἡ	Γένεσ ις
le	Mélange	Crasis,	seos. ἡ	Κρᾶ ις
la	Crise	Crisis,	seos. ἡ	Κρίσ ις
la	Phrase	Phrasis,	seos. ἡ	Φράσ ις
la	Frénésie	Phrenesis,	seos. ἡ	Φρένησ ις
la	Prudence	Phronesis,	seos. ἡ	Φρόνησ ις
la	Nature	Physis,	seos. ἡ	Φύσ ις
l'	Abrégé	Synopsis,	seos. ἡ	Σύνοψ ις

C. J. Dupras.

ÉLÉMENS DES LANGUES LATINE ET GRECQUE.

QUATRIÈME DÉCLINAISON LATINE.

Tous les Noms latins de la quatrième déclinaison, qui ont le génitif singulier en US, le datif et l'ablatif pluriels en IBUS, se déclinent comme VULTUS.

Sing.
Nom	le	Visage	Vult us	τὸ	Ὄμμ α
Gén	du	Visage	Vult ûs	τοῦ	Ὄμμ ατος
Dat	au	Visage	Vult ui	τῷ	Ὄμμ ατι
Acc	le	Visage	Vult um	τὸ	Ὄμμ α
Voc	ô	Visage	Vult us	ὦ	Ὄμμ α
Abl	du	Visage	Vult u		

Plur.
Nom	les	Visages	Vult us	τὰ	Ὄμμ ατα
Gén	des	Visages	Vult uum	τῶν	Ὀμμ άτων
Dat	aux	Visages	Vult ibus	τοῖς	Ὄμμ ασι
Acc	les	Visages	Vult us	τὰ	Ὄμμ ατα
Voc	ô	Visages	Vult us	ὦ	Ὄμμ ατα
Abl	des	Visages	Vult ibus		

Duel.
N.A.V.	les deux Visages		τὼ	Ὄμμ ατε
G.D.	de ou à deux Visages		τοῖν	Ὀμμ άτοιν

Déclinez de même :

le	Flot	Fluctus	τὸ	Κῦμ α
la	Chaleur	Æstus	τὸ	Καῦμ α
le	Pas	Gressus	τὸ	Βῆμ α
le	Goût	Gustus	τὸ	Γεῦμ α
le	Saut	Saltus	τὸ	Πήδημα
le	Prétexte	Prætextus	τὸ	Πρόσχημα
le	Chant	Cantus	τὸ	Ἆσμ α
l'	Ouïe	Auditus	τὸ	Ἄκουσμ α
la	Chûte	Casus	τὸ	Πτῶμ α
le	Faste	Fastus	τὸ	Φρόνημα

C. J. Dupras.

ÉLÉMENS DES LANGUES LATINE ET GRECQUE.

QUATRIÈME DÉCLINAISON LATINE.
(Noms Grecs contractés.)

Tous les Noms latins de la quatrième déclinaison qui ont le génitif singulier en US, le datif et ablatif pluriels en UBUS se déclinent comme QUERCUS.

Tous les Noms Grecs en υς, qui ont le génitif en υος se déclinent comme δρῦς.

Sing.
Nom....le	Chêne........	Querc us........	ἡ	Δρ	ῦς
Gén....du	Chêne........	Querc us........	τῆς	Δρ	υός
Dat....au	Chêne........	Querc ui........	τῇ	Δρ	υί
Acc....le	Chêne........	Querc um........	τὴν	Δρ	ῦν
Voc....ô	Chêne........	Querc us........	ὦ	Δρ	ῦ
Abl....du	Chêne........	Querc u........			

Plur.
Nom....les	Chêne s.....	Querc us........	αἱ	Δρ	(ύες/ῦς)
Gén....des	Chêne s.....	Querc uum........	τῶν	Δρ	υῶν
Dat....aux	Chêne s.....	Querc ubus........	ταῖς	Δρ	υσί
Acc....les	Chêne s.....	Querc us........	τὰς	Δρ	(ύας/ῦς)
Voc....ô	Chêne s.....	Querc us........	ὦ	Δρ	(ύες/ῦς)
Abl....des	Chêne s.....	Querc ubus........			

Duel.
N.A.V. les deux	Chêne s........		τὼ	Δρ	ύε
G.D. de ou à deux	Chêne s........		ταῖν	Δρ	ύοιν

Déclinez de même :

le	Lac........	Lacus........			
l'	Arc........	Arcus........			
la	Tribu........	Tribus........			
le	Port........	Portus........			
la	Caverne........	Specus........			
le	Poisson........		ὁ	Ἰχθ	ύς
le	Filet........		ἡ	Ἄρκ	υς
la	Furie........		ἡ	Ἐρινν	ύς
le	Menton........		ἡ	Γέν	υς
la	Tortue........		ἡ	Χέλ	υς

C. J. Duprarc.

ÉLÉMENS DES LANGUES LATINE ET GRECQUE. N.º 34.

QUATRIEME DÉCLINAISON LATINE.
(Noms Grecs contractes.)

Tous les Noms latins en U se déclinent comme CORNU. Cependant IESU fait IESUM à l'accusatif.
Tous les Noms Grecs en ως qui font au génitif ατος et par contraction ως se déclinent comme Κέρας.

Sing.

Nom...la	Corne......	Corn u.........	τὸ	Κέρ ας
Gén..de la	Corne......	Corn u.........	τοῦ	Κέρ {ατος / αος / ως}
Dat...à la	Corne......	Corn u.........	τῷ	Κέρ {ατι / αϊ / ᾳ}
Acc....la	Corne......	Corn u.........	τὸ	Κέρ ας
Voc.....ô	Corne......	Corn u.........	ὦ	Κέρ ας
Abl..de la	Corne......	Corn u.........		

Plur.

Nom...les	Cornes......	Corn ua......	τὰ	Κέρ {ατα / αα / α}
Gén...des	Cornes......	Corn uum....	τῶν	Κέρ {ἀτων / άων / ῶν}
Dat...aux	Cornes......	Corn ibus.....	τοῖς	Κέρ ασι
Acc....les	Cornes......	Corn ua.......	τὰ	Κέρ {ατα / αα / α}
Voc......ô	Cornes......	Corn ua.......	ὦ	Κέρ {ατα / αα / α}
Abl....des	Cornes......	Corn ibus.....		

Duel

N.A.V. les deux	Cornes..................		τὼ	Κερ {ατε / αε / ᾱ}
G.D. de ou à deux	Cornes..................		τοῖν	Κερ {ἀτοιν / άοιν / ᾷν}

Déclinez de même :

- le Genou............Gen u....
- le Garde manger. Pen u....
- le Tonnère........Tonitr u....
- la Broche.........Ver u... fait ibus {au Datif & à l'Ablatif} Pluriels.
- „ Jésus............Jes u....
- le Vieillard........................ τὸ Γῆρ ας
- le Prodige........................ τὸ Τέρ ας
- la Récompense.................. τὸ Γέρ ας
- la Chair........................... τὸ Κρέ ας
- la Fin.............................. τὸ Πέρ ας

C.J. Dupras

ÉLÉMENS DES LANGUES LATINE ET GRECQUE.   N.º 35.

QUATRIÈME DÉCLINAISON.
(Noms Grecs contractés.)

Tous les Noms grecs de la quatrième déclinaison en ως et en ω qui ont le génitif en οος et par contraction en ους, se déclinent comme Ἠχώ.

Sing.
Nom.	l'	Echo	Echo f. Ind.	ἡ	Ἠχ ώ
Gén.	de l'	Echo	Echo	τῆς	Ἠχ όος / οῦς
Dat.	à l'	Echo	Echo	τῇ	Ἠχ όϊ / οῖ
Acc.	l'	Echo	Echo	τὴν	Ἠχ όα / ώ
Voc.	ô	Echo	Echo	ὦ	Ἠχ όϊ
Abl.	de l'	Echo	Echo		

Plur.
Nom.	les	Echos	Echo	αἱ	Ἠχ όοι
Gén.	des	Echos	Echo	τῶν	Ἠχ όων
Dat.	aux	Echos	Echo	ταῖς	Ἠχ όοις
Acc.	les	Echos	Echo	τὰς	Ἠχ όους
Voc.	ô	Echos	Echo	ὦ	Ἠχ όοι
Abl.	des	Echos	Echo		

Duel.
N. A. V.	les deux	Echos	τὰ	Ἠχ όω
G. D. de ou à deux	Echos		ταῖν	Ἠχ όοιν

Déclinez de même :

"		Calypso	Calypsa	ἡ	Καλυψ ώ
l'		Etoile de l'Ours	Calisto	ἡ	Καλλις ώ
"		Théano	Theano	ἡ	Θεαν ώ
"		Sapho	Sapho	ἡ	Σαπφ ώ
"		Thémisto	Themisto	ἡ	Θεμις ώ
"		Minos		ὁ	Μιν ώς
"		Didon		ἡ	Διδ ώ
"		Latone		ἡ	Λητ ώ
l'		Aurore		ἡ	Ἠ ώς
la		Pudeur		ἡ	Αἰδ ώς

C. J. Duprax

ÉLÉMENS DES LANGUES LATINE ET GRECQUE. N.º 36.

CINQUIÈME DÉCLINAISON LATINE.

Tous les Noms latins qui ont le génitif en EI se déclinent comme DIES.
Les génitif, datif et ablatif pluriels ne sont guère usités
que dans RES, DIES et SPECIES.

Sing.
- Nom....le Jour......Dies..........τὸ Ἦμ αρ
- Gén....du Jour......Di ei..........τοῦ Ἤματ ος
- Dat....au Jour......Di ei..........τῷ Ἤματ ι
- Acc....le Jour......Di em..........τὸ Ἦμ αρ
- Voc....ô Jour......Di es..........ὦ Ἦμ αρ
- Abl....du Jour......Di e

Plur.
- Nom....les Jours....Di es..........τὰ Ἤματ α
- Gén....des Jours....Di erum........τῶν Ἠμάτ ων
- Dat....aux Jours....Di ebus........τοῖς Ἤμασ ι
- Acc....les Jours....Di es..........τὰ Ἤματ α
- Voc....ô Jours....Di es..........ὦ Ἤματ α
- Abl....des Jours....Di ebus

Duel.
- N.A.V. les deux Jours..................τὼ Ἤματ ε
- G.D. de ou à deux Jours................τοῖν Ἠμάτ οιν

Déclinez de même:
- la Chose......Res..........τὸ Πρᾶγμα
- le Visage.....Facies........τὸ Βλέμμα
- le Prétexte...Species.......τὸ Πρόσχημα
- la Mollesse...Mollities.....τὸ Χλίδημ α
- le Repos......Requies.......τὸ Ἀνάπαυμα
- la Progéniture Progenies....τὸ Γέννημ α
- la Suite......Series........τὸ Ἀκολούθημα
- l' Armée......Acies.........τὸ Στράτευμ α
- le Portrait...Effigies......τὸ Ζωγράφημα
- la Promesse...Fides.........τὸ Ἐπάγγελμα

C.J. Dupras.

www.ingramcontent.com/pod-product-compliance
Lightning Source LLC
LaVergne TN
LVHW050620090426
835512LV00008B/1575